APUNTES DE NÁUFRAGO

ÁNGEL DE SAN MARTÍN TUDELA

APUNTES DE NÁUFRAGO

EXLIBRIC

ANTEQUERA 2021

ÁNGEL DE SAN MARTÍN TUDELA

APUNTES DE NÁUFRAGO

Con esfuerzo y empeño
llegarás donde quieras.
No importa la ventisca
ni naufragar acaso.
Nada sin cesar, nada
incluso en la noche más oscura.

A Alejandro

Naufragué con Copérnico

Naufragué con Copérnico una tarde,
aún era primavera.
Perdí, sin duda, todo mi equipaje
de prejuicios, de ciencias, de firmezas.
Perdí, lo sé, perdí toda esperanza
y me fui caminando —pies descalzos—
por un sendero yermo y espinoso.
Me sangraban los pies, él sonreía
como si no sintiera nada en absoluto.
Estaba el cielo gris, un gris plagado
de matices sin fin. Casi de noche
caí rendido, vacilante el paso.
¡Copérnico, Copérnico, la mano!
Me retiró la suya. «¡Sigue solo!», me dijo.
Fue un naufragio total —toda una vida—,
mi soledad era mayor que nunca,
ni un barco en lontananza, a la deriva
mi pobre balsa, pobre, ni una estrella.
Sabía que ya no habría Dios
esperando en la otra orilla.
Ahora sé que soy hombre:
arremángate, muchacho,
eres hombre, lo sabes.
¡A por todas y a perecer de frío,
si es preciso!

TAL VEZ HA SIDO UN SUEÑO

Un olvidado sueño
de pasos y más pasos
hacia una meta incierta.
Me llevaba el impulso
de disfrutarlo todo,
de no volver al llanto,
de perder hasta el nombre
que me puso mi padre.
No miraba el camino
de pasos y más pasos.
La META, sí, la META.
El fin de mi camino,
llegar hasta el final.
Lo comprendí de golpe:
no, no había meta.
Y sí, era el camino,
eso es, el camino.
Tal vez
me estoy volviendo loco.

TÚ ME BASTABAS

Nadie entrará en mi casa.
He cerrado esa puerta para siempre:
con tu amor me bastaba.
No me importa ya el canto
de endiabladas sirenas. Su conjuro
fue el que causó el naufragio.
Quiero limpias las manos.
Mi frente está apoyada
en el frío cristal de la ventana.
Este paisaje urbano
y a los pies de mi cama
tengo las zapatillas.
Ni un paso más. ¿A dónde,
si tú no estás en parte alguna?
¿O estás tal vez, amor, en algún sitio?
Te buscaré sin tregua,
sobre todo en el fondo de mi alma.

BALANCE

El cálculo tenaz, la realidad,
rinde cuentas al tiempo.
La resulta final en este arqueo
demuestra una intención:
confirmar con la sangre
—como testigo cierto
que proclama solemne
el milagro ilusorio del sentido—
el perfil, los contornos
de una loca fantasía.
Absoluto, inalcanzable,
perseveras sin ambages
en los hondos caminos
que ignoran las barreras
del tiempo y la distancia,
y se oye el eco
de una voz que interpela.
La inspiración secreta
se siente arrebatada
por la recia corriente
de las múltiples formas del dilema.
La evidencia del vasto territorio
sobrepasa las hitas de la mente,
y en el alma germina
la almendra inaprensible.
Es vinculante el peso de las horas,

manantial que trasciende
al alerta secreto.
Ante el aspecto firme de las luces
trazadas en la hondura
el pasado es un sueño, un intervalo
en el plano primero de la forma
al que llega un gemido visceral
—sombra viva y antorcha—
para adentrarse heroico
en la línea infinita:
fenómeno dinámico
que abate las murallas
ficticias del delirio
cuando apenas se nubla
la luz de la conciencia.
Y llegas a entrever
—en esa maniobra irracional—
el gozo en la otra orilla
desvaída tal vez por una niebla.
Es necesario proclamar la hazaña,
aunque estés fatalmente confundido.
Emerger tras el naufragio.
Afuera, el piélago sin límites del tiempo
envuelto por un halo de leyenda.
La cuenta será siempre positiva,
aunque el hoy y el ahora
se imponen concluyentes,
y el logro de los gozos y las risas
nunca supera al llanto.

Yo sé que hacia poniente,
prendido entre los últimos jirones
de las últimas nubes
de los últimos cielos,
un sol esplendoroso
aún me aguarda.

EL ÁNGEL

Tenía mucha prisa.
Esa barca no aguarda
ni tan siquiera a un ángel.
Estaba contrariado,
aunque todos los ángeles
—eso dicen—
no sienten ni padecen.
La vía estaba libre
pero llena de sangre
—roja sangre de potro desbocado,
de toro rejoneado,
de lechal inmolado,
de niño degollado,
de hombre derrotado,
de mujer mancillada,
de viejo abandonado—.
Lloró también el ángel.
¡La barca! ¡Esa barca!
¡No he de perder la barca!
El borde de su túnica
estaba muy manchado
del barro y de la sangre.
Aunque los pies volaron
sin tregua hacia la orilla,
la barca se perdía
en el vasto horizonte.

Una lágrima sola
de sus ojos de humo
mojó vertiginosa
sus mejillas de niebla.
Y se sentó a aguardar
otra ERA completa.

TU TRANSPARENCIA

Yo necesito ver la transparencia
de tu inconcreta sombra, gris, difusa,
para fijarla en roca, en agua, en viento,
al hechizo dormido en mis entrañas.
Tu transparencia al fondo, en la pizarra
en donde perfilé mis pensamientos,
y ahondar allí, peonza o melodía,
talismán que trae magias lejanas,
un murmullo de mar, un vocerío
de chiquillos que juegan sin medida,
sin que el tiempo les afecte, ajenos
a lo que no es un juego, simple juego.
Tu transparencia trajo un nuevo reto
con la oquedad radiante de la carne,
donde se abre un espacio ilimitado
hacia el ínfimo mar de este planeta,
más ínfimo con cada invención virgen,
más grande cuanto yo soy más pequeño.
Tu transparencia puso en loca danza
la víscera ignorada por la mente.
Tu transparencia al fin, destino mío,
serenidad de un mar siempre tranquilo.

TAL VEZ MAÑANA

Tras ese espacio largo,
que de tan largo cansa,
un horizonte espera allá, muy lejos.
No llegaré ni al alba,
que no hay caminos en la mar sin límites,
inescrutable, inmensa,
sin un rumbo ni un norte.
El camino que anhelo
está aún sin hacerse.
La inmensidad lo cubre.
Navego siempre a ciegas
y no aguardo otro tiempo,
porque este día es igual a otro.
Y si llega la noche, solo sé
que un alba igual me espera
para empezar de nuevo.
Al fin de la jornada,
cuando busco el cobijo
para pasar la noche
y reponer las fuerzas,
no solo son mis ojos los que paran.
Mi mente se adormece.
Tal vez… tal vez mañana.

GHOST STORY

Se dibujó en lo oscuro, sin perfiles,
aunque tenía ojos y voz, y compostura.
Cerré los ojos y seguía allí,
—sardónica la risa
que cuajaba mis huesos y mi aliento—.
Sus ojos, fuego vivo, y su voz
estentórea, con una carcajada
sin sentido.
Apareció mi vida.
Aquel fantasma se achicó en un punto.
Y fue mi vida, el horror de mi vida,
lo que pasó sin pausa;
sucesiva, veloz, sin un resquicio,
sin aliento, cual potro desbocado,
como un ciclón que arrasa y solo deja
un desierto de muerte.
Abrí los ojos. Él ya no estaba allí.
Fue suficiente para saberme ajeno.
Este cadáver que tendría en seguida
que ducharse y arrastrar esta masa
que me informa,
y añadir otro tétrico episodio
al horror que he vivido en esta noche.
Sus ojos aún me acusan de un pecado:
cobardía lo llaman.

LOS MEANDROS DEL ALMA

No soy original, lo sé. Del alma,
de nuestra pobre alma acobardada,
casi se ha dicho todo. Y es mentira
que al alma pueda aplicarse un bisturí,
diseccionarla molécula a molécula,
tal vez átomo a átomo, electrón a electrón.
Del alma, la impalpable de que tanto se habla,
no hallaremos el límite en la forma.
Pero el alma, incorpórea, incomprendida,
sí tiene su entidad, destino, esencia.
Se manifiesta en todos los sentidos
de modo sinuoso, inaprensible,
difuminada y libre.
Son meandros inmensos
por los que el alma repta,
buscando la caída justa:
el mar, un mar de eternidad,
al fin de la pendiente aguarda.

LO QUE VEO

Lo que veo en el otro,
bueno o malo
—no lo sé—,
tan solo es mi reflejo,
mi propia calavera.
Si veo algún desastre,
estoy viendo al infame
desastre que hay en mí.
Si veo un hijoputa,
ojo, muchacho,
no es cosa de tu madre,
pero mírate dentro
y verás que resuenan
los arpegios rastreros.
Pondré más atención
cuando mire a ese hombre.
Los fines son los fines,
para todos igual de ineludibles.

INSTALADO EN EL MIEDO

Instalado en el miedo,
después de aquel naufragio
me acuesto cada día.
Un miedo contagioso, inevitable,
que me impregna los huesos y las venas,
como si fuera un eje de este mundo.
Lucharé con mi mente acobardada,
lucharé con mi sangre contra el miedo,
lucharé sin descanso
hasta el momento de la muerte.

ETERNO AHORA

La equidistancia entre
el ayer y el mañana
es el ahora.
Ni el ayer ni el mañana
tienen cabida ya,
sin esperanza.
No hay sitio, solo un pacto
entre la linde insomne
y el vidrioso deseo.
Ya vuelve jadeando
entre las almohadas
y el turbio espacio
donde comienza el sueño.
El canto no me aparta
del pertinaz silencio.
Pregunto qué es la muerte
y la voz de mi padre
responde inapelable:
es el fin del deseo.

SEÑAL DE LIBERTAD

Parecía en el aire una bandera
que flamea en las ráfagas perdidas
desde el alba al ocaso, puente a puente,
y cruzar libre un mundo sin esclavos.
Nada más bello que el sutil trazado
del arco que se lanza decidido
hasta un cielo impoluto de esperanza.
El arco iris, sí, con sus colores
se proyectó impasible sobre el viento
para alcanzar la orilla allende el mar,
y flotaron, belleza inigualable,
tras de tanto naufragio,
triunfando sobre el mar y las montañas,
los eternos colores del espectro:
decidida expresión de libertad.

LA SIRENA

Es diferente. Tiene en su apostura
el peregrino embrujo de lo diferente.
Su expresión no se humilla, es altanera:
barbilla al viento. El horizonte, lejos,
es la meta final de su mirada.
Nada más firme que su espalda erguida,
nada más puro que sus ojos firmes.
Su estática figura dice tanto
como su blanda y elegante mano.
Un ligero sudor perla su rostro
que se ofrece a la luz, enamorada
del viento y del color, y las montañas
que suavemente bajan hasta el agua.
Su pelo rubio flota alborotado,
veleta en libertad, sobre su frente.
Sus labios entreabiertos, comedidos,
como todo en su mundo ensimismado.
Un leve parpadeo ocasional
es el único signo de estar viva.

PUERTO

Picos y picos.
Brumas y brumas.
Olas y olas.
Agua, más agua.
La arena oscura.
La playa baja.
Olas y olas.
Agua, más agua.
Barcos lejanos.
Boyas. La dársena
con cien chinchorros,
noráis, bolardos
llenos de barcas
y cien piraguas.
Solo las olas
siento cercanas.
Callado el viento,
callada el alma.
Los pensamientos
en desbandada.
Olas y olas.
Agua, más agua.

MANIQUÍ

A tientas descubrí
lo que en la noche me impedía el paso.
Tuve clara noticia de la forma
a través de los dedos vacilantes:
el calor, la textura, la dureza,
los bordes, las aristas y las curvas
sinuosas, la rigidez al tacto.
Tan subyugado estaba ante el encuentro
—preguntas sin respuesta—,
que esperé a que la luz me descubriera
qué diosa o qué demonio me aguardaba.

¿ME ESPERABAS?

Dame la mano, he vuelto para siempre
o hasta que tú me digas basta, basta…
He vuelto de la noche, ¿me esperabas?
He vuelto de una noche sin sentido.
Soñaba con tu mano, mano amiga
que ajusta con sus dedos delicados
la perfección, la vida y la armonía.
He vuelto, he vuelto para siempre.
Dame tu mano, no me dejes nunca.
Solo he vuelto por ti, hecho pedazos.
He vuelto de un naufragio, ¿me esperabas?

A MI AMIGO AGNÓSTICO, MUERTO AYER

Ya estás en el invierno, el de la muerte,
el del silencio denso, imperturbable.
Ya estás ahí. Te has muerto para siempre.
Tus despojos están ya quietos, quietos.
Tus labios muertos no besarán nunca
ni abrazarán un cuerpo apasionado.
Tus ojos ya no existen, cuencas huecas,
y tu sexo ya pasto de gusanos.
Tus pies están ya quietos,
todo tú en el invierno,
el invierno más frío, el de la muerte.
Tu naufragio es total. No, no me esperes.
Yo llevo otro camino.
Yo tengo fe. Él está al otro lado,
donde nunca es invierno.

TUNDRA

Copo de nieve,
néctar,
fuente,
nube,
alma,
sutil perfume,
leve espuma,
hechizo,
canto,
magia,
soplo,
gozo,
arena,
en una noche de verano
fogata,
alba.

LA VERDAD

Toda la verdad de un hombre
es la de un niño que espera.
Gateando, gateando,
quiere subir esa cuesta
y cada tramo que sube
muestra una esperanza nueva.
Sube, niño. Sube, sube.
No te aguardan las estrellas,
tan solo una larga noche
sin límites ni barreras.
Sube a la cumbre más alta.
El horizonte se aleja.
Tras ese vasto horizonte
otro horizonte contemplas.
Sube, niño, sube, sube.
Que no te arredre la esfinge.
Intenta llegar al sol,
aunque tus alas se pierdan
y en un enorme naufragio
sin precedentes te mueras.
No importa el final, abuelo.
Solo subir la escalera
más difícil cada día,
cada vez con menos fuerza.
Que no te arredre el naufragio
ni las heridas, ¡revienta!
Que no te pare la vida,
sigue exigiendo quimeras.

LA REALIDAD Y EL ARTE

Entre la realidad y la poesía
quiero quedarme con la realidad.
La poesía es el arte;
la realidad, la muerte.
Arte y muerte, un conjunto
de concepciones vivas.
El sueño es realidad, no es poesía.
La poesía es tan solo
fantasía, imaginación.
Quiero mi realidad,
la última, la grande, la que lleva
hasta el final, consciente
frente a la muerte misma,
frente a frente.
Y mirarla a los ojos,
y valiente retarla,
y luchar contra ella,
consciente de su triunfo
y mi fracaso.

NO HE VIVIDO

No he vivido. ¡Imposible!
Esta obsesión sin nombre
desde el alba a la noche,
desde la noche al alba,
lacera las entrañas cada día.
Prometeo infeliz,
cada mañana un buitre
voraz como ninguno
se entrega a consagrarme
como en un sacrificio
a un absurdo destino.
Manos encadenadas
a la roca perdida
en la cima del mundo.
Inmortal… ¡inmortal!
ese buitre voraz
comerá mis entrañas.
No hay Heracles piadoso
que resista al Tonante.
Alguien me ha castigado
a ser, eternamente,
un muerto devorado.
Esperaré a que venga
el buitre sanguinario.
Desafiaré sus ojos,
sabiéndome carroña
que anhela libertad
y vida eterna.

Y ES QUE TAL VEZ

Y es que tal vez
me quieres demasiado.
No sabes estar sola,
te asustan los relámpagos,
el ulular del viento
y el maullido del gato.
Por la noche sollozas
si no estoy a tu lado
y yo me siento inquieto
por si te ocurre algo.
Y es que, tal vez, también
te quiero demasiado.

MANIFIESTO

La primera señal fue un manifiesto
y fue solo una ausencia.
Yo te miraba absorto,
tú me mirabas quieta,
pero no me mirabas.
Tu mirada se iba a la otra acera.
Yo no volví la cara
para saber quién era,
pero desde ese instante —lo sabía—,
tu mente estaría en otro,
aunque yo no lo viera.
El adiós vino luego
—el otoño a las puertas—
y no dijiste nada.
Cogiste tu maleta,
te volviste, miraste
nuestra cama deshecha
y volviste la espalda
sin un adiós, resuelta.
No esperaré ni un día
tu posible retorno:
hay mucha luz en el cielo,
mucha agua en la mar,
muchos ríos y montes,
mucha gente que amar.

FRACASO

Todo me conducía a aquel abismo,
el insondable abismo de la entraña,
que en esa oscuridad de la razón
me llevaba a un dolor desesperado.
Y estaba allí, mirando aquel paisaje
hermoso como nunca. Aquel instante
sería para siempre justo y cierto.
En lontananza, un color efímero
se iba hundiendo en el mar. Aquella playa
que se perdía allá, en el infinito,
hasta donde los ojos, consumidos
por la sal de las lágrimas, tan solo
son una tenue raya envuelta en bruma.
Estaba allí. Mi mente no pensaba:
era inútil hollar el pensamiento.
¿Adónde iría? Todo era fracaso.
Desde aquella sutil respiración,
entrecortada por sollozos leves
que pugnan por salir a borbotones.
Partí de mi ciudad como un leproso,
harto de hallar silencios a mi paso.
La soledad del solo que, ignorado,
es evitado por la muchedumbre.
¿Adónde dirigirse? ¿Qué camino
habría que tomar hasta la próxima
parada en el sendero? Con las manos

entrelazadas en humilde ruego,
oraba al dios ignoto apenas intuido.
«Me moriré esta tarde o esta noche».
Tal vez cuando la sombra se haga dueña
del último perfil del horizonte.
No esperaré más tiempo. Lo que veo
es solo un espejismo, un espejismo…

BRUNO

Cada vez que Ícaro cae al mar
vuelve a la cárcel,
al mismo laberinto:
carne, huesos, mente.
Vuelve a reconstruir
otras alas iguales
y, lleno de coraje,
emprende un nuevo vuelo.
***
No tengas miedo.
Como Ícaro,
lo más que te puede ocurrir
es perecer en el mar,
pero un día u otro
perecerás lo mismo.
Sin embargo,
el intento
te habrá hecho salir
de la mediocridad.
***
Nunca sabremos
por qué Ícaro no se limitó
a escapar del laberinto.
Nunca sabremos
qué deseo feroz se hizo imperioso
y lo empujó a volar
al sol, al fuego, al cielo, a la locura.

***
Sabemos que el calor
—solo es un mito—
derritió la cera de sus alas,
pero no que el sol
le dañara los ojos.
Y lo que vio, quién sabe
si fue lo más sublime
que ojo humano haya visto jamás,
***
Para huir de esta cárcel
solo existe un medio consecuente:
vas a seguir viviendo, respirando,
pisando sobre el suelo
y elevando tus ojos en la noche.
Pero te queda un medio:
puedes viajar con el «Pionero»,
más allá del sistema solar,
volver con él la vista,
y ver que, allá, muy lejos,
un punto imperceptible,
un puntito azul claro,
fue la cuna
de cada una de tus células.
Y en medio de esa fría inmensidad
sentirte poderoso,
porque contemplas algo
que ningún ojo humano
pudo siquiera soñar.

En esta eternidad

En esta eternidad, en este ahora,
hurgando en el ahora, fuera y dentro;
en esta soledad de agua y arena,
a solas, solo con mis pensamientos,
un cielo claro, límpido, sin nubes,
y un ciego sol quemándome los sesos.
¡Qué soledad sin par y qué silencio!
Un horizonte recto, quieto, lejos,
sin más linde que el cielo.
Y yo aquí, sentado en esta playa
—mi único interlocutor el viento—,
seré otro Robinson en esta isla.
Tenues olas se acercan a la orilla
y la besan sin miedo,
vuelven y van, reflujo transparente.
Un estremecimiento
agita mi columna vertebral
y tiemblo. En esta calma chicha
se aburren los deseos,
y no importa morir, ya para siempre,
entre el agua del mar, la arena, el cielo:
un adelanto de la eternidad,
vivir sin tempo.
Y en esta soledad ilimitada
nacer de nuevo.

UN TURBIO NEGOCIO

Es un negocio turbio el de la vida,
pero seguimos fieles a un camino
que siempre nos conduce hacia la muerte.
Extraña sinrazón la de estar vivo
y saber que la muerte nos acecha
a cada instante, sin piedad, serena
en el breve intervalo de un suspiro.
Digo adiós cada instante a cada cosa,
sobre todo a mí mismo.
Digo adiós, y mi adiós desesperado
no sé a quién se lo digo.
Digo adiós, ¡adiós!, cuando quisiera
—náufrago sin destino—
hacerme eternidad y sentimiento,
hacerme roca, yerba, fuente, río.

TU VASO

Vous ne parlez pas que de mourir,
je ne vais pas mourir[1].

Tu solo sabes, solo, de la muerte,
la que ríe en el fondo de tu vaso
que te alienta desde hace tanto tiempo:
güisqui, vodka, ginebra, ron, tequila.
Con el vaso primero te sonríes
y te quedas mirando a la ventana,
esa sucia ventana; en los cristales
no se refleja nada, solo hay polvo
Y al otro lado de tus ojos fijos
tan solo un triste ocaso te sacude.
Con el segundo vaso, que llenas hasta el borde,
tu sonrisa se torna en un mohín preciso,
y el tercer vaso lleva a tu voz sin matices
un breve balbuceo incomprensible, oscuro.
Te cogen tus amigos en brazos, te acompañan
—fardo inerte— a tu casa,
más vacía que nunca,
tu submundo,
donde ningún fantasma mitiga tu letargo,
donde tu soledad te lleva hacia el abismo…
¡y no quieres morir!

---

[1]   Georges Bernanos. *Les dialogues des Carmélites.*

FOTOGRAFÍA

Recogiste un instante de mi vida,
—fue tan solo un momento—
y ahí está, condensada
para la eternidad, para el recuerdo.
Se quedó la sonrisa
congelada, esculpida. Un parpadeo
para la breve historia
de aquella hermosa tarde junto al puerto.
Tú mirabas los barcos,
Yo, tus ojos hermosos como el cielo.
Mi risa se quedó petrificada
para la eternidad de ese momento.
Tú agarrabas la vida,
yo tan solo tus párpados de ensueño.
La vida estaba en ti,
en mí solo el deseo.
Fue tan solo un instante
para la eternidad, un parpadeo,
un momento que no tiene medida,
sin tiempo.

NAUFRAGIO

He naufragado en este mar sin límites,
en una noche negra, sin estrellas.
Mi barco iba seguro al horizonte
donde aquel paraíso me esperaba.
Sin márgenes, sin formas, solo el viento
que sopla en mis oídos, y la noche,
negra noche, sin hitas ni horizonte.
Solo una tabla se aferró a mis manos
como señal de duelo y esperanza,
y el frío se metía por la carne,
y mis huesos lloraban ateridos.
Ni una estrella en el cielo negro, negro,
aunque vino un relámpago y un trueno
para romper la sombra y el silencio.
La noche oscura, soledad, naufragio.
Con el ánimo intacto,
esperé el alba congelado, el alba.

FUE UNA OLA

Fue una ola nacida allá, muy lejos,
inútilmente, sin camino, ajena.
Cabalgó cientos, miles de kilómetros,
y morirá en la playa gris, desierta.
Vino de lejos, mas no sé de dónde,
como no sé de dónde yo he venido,
como no sé en qué playa acabaré
o en cuál acantilado. Mi carrera
es el mar, fue aquella ola
la que causó el naufragio
de mi vida sin rumbo y sin estrellas.
¿Se diluirá en el mar, como la ola,
en la playa, en la isla? ¿Un desvarío
que nace no sé dónde y no sé a dónde
me condena a morir en el olvido?
No he de morir ¡jamás!
La aciaga muerte
me encontrará abrazado a un espejismo,
con la fe intacta: con el viento,
con la brisa del mar vendrá mi sino.
No he de morir, ¡jamás!
Antes la nada
que dejar a otra mano mi destino.

Un sueño de cristales

Fue un sueño de cristales, solo un sueño
con canto de mil grillos, con luciérnagas.
Los campos más abiertos en el alba
y el cielo aún era noche, todo noche.
Pasó el cristal veloz, febril, seguro,
con las ondas mecidas por el viento.
Dejó en mi sueño el rígido fulgor,
momentáneo, fugaz, como un destello,
como un reflejo inesperado, extraño.
Solo fue un sueño, mas dejó una impronta
indeleble, como una cicatriz
y un estremecimiento.
Y el cristal solo se quedó en deseo.

Te hablé de Baudelaire

Te hablé de Baudelaire,
del náufrago infeliz
de un París que arrancaba.
Náufrago en todo, en el amor, la vida,
la amistad, el trabajo y el honor.
Náufrago en soledad, en la locura,
con un filtro en los ojos de lamento
y un dolor impotente y enfermizo.
Solo su madre lo asistía idólatra
—turbios los ojos, palabra perturbada—,
y te hablé de sus sueños, de sus versos
a los que se aferraba —triste albatros—,
en un delirio enloquecido:
drogas, sexo y alcohol en una vida errante.
También te hablé de mí, de mi naufragio,
de mi vida carente de sentido,
y te pedí morir, inconsecuente.
Al otro lado sé que está el silencio
imperturbable y negro,
cuando quisiera un luminoso cielo.

MÍSTICA

¡Sentir el roce
de los vestidos de Dios!
El colmo del deseo.
La locura más loca.
El empeño más descabellado.
El desengaño
ha ido matando
deseo tras deseo.
A la vuelta de cada desengaño,
como surgiendo
del propio cementerio,
un nuevo deseo
titila allá lejos.
Un nuevo encanto,
una nueva ilusión,
y ya estás otra vez
tras el deseo.

Y cada deseo
se va muriendo
—cayendo—
por su propio peso.
Y allá dentro
sigue el rumor, el eco:
«El Reino de Dios
dentro de vosotros está».

Y sigues ahondando,
muerto de anhelo.
Tal vez este deseo
no traiga el desengaño
a mi mente, a mi pecho.
Sentir el roce solo,
solo el roce y me muero.

Plegaria a mi hija

Ars moriendi[2]

Cuando llegue a mi página postrera,
y mi barca, mordida por la broma,
siente su quilla —lapas y carcoma—
en el fondo de un raro mar cualquiera,

pon en mis manos, blanca, una bandera,
una rosa perfecta, una paloma,
para aguardar la muerte y ver que asoma
en la recta final de mi carrera.

Esperaré a que llegue zalamera
y me abrace teatral y convencida
de que arranca del mundo, cancerbera,

a un medroso que aplaza la partida.
Quiero saber que sabe que ha abrazado
a un hombre que no teme al otro lado.

---

[2] Antonio Machado.

Índice